JN436271

하이비전 시선

잊기를 아주
잊기야 하랴마는

이인복 시집

하이비전

잊기를 아주
잊기야 하랴마는

머리말

그래도 이만큼 살아 왔으니 세상에 흔적 하나 남기고 싶었다.

산다는 것은 투쟁이었다. 생존을 위한 허덕임. 나를 버려야 했던 시간들. 욕심보다 앞서는 것은 언제나 졸음이었다.

좀체 엮어낼 수 없었던 어휘의 조합과 생각의 나열들. 그랬어도 내장을 촘촘히 찌르는 듯한 노동의 고통을 덜어내고 졸음으로 침몰되던 밤을 용케 견뎌내며 몇 줄 꿰매어 쓴 글을 이튿날 쓴 웃음으로 보며 덜 익은 용기를 내고는 했다.

시가 참 귀한 세상인 듯싶다.

즐겨 찾던 동네 서점은 폐업한 지 이미 오래 전이고 두어 시간 품을 팔아 찾은 서점 맨 구석 자리에 초라하게 자리한 시집 코너는 이미 잊혀진 망각의 무덤인 듯싶었다. 이해할 수 없었다. 때로는 각종 전자 매체를 통해 그래도 시는 넘쳐 나던데…

그런 현실은 내 방과 사무실처럼 사방이 꽉 막힌 사방 육면체 주사위 안에 갇혀진 것 같은 옭매임이었다.

그런데도 왜 나는 시를 써야 했는지 몰라 하다가 그런 것들과는 무관하게 시로 먹고 살 것도 아니고 솔직하게 그저, 내 일상의 일부이니까 그렇게 치부해 버렸다. 하면서도 요즘 유행하는 어떤 영상을 통해 시의 내용을 암시하고 그에 통하는 시를 쓰고, 읽힌다는 것은 이미 시를 반쯤은 잃어버린 것이 아닐까하는 안타까움이 있다.

영상에 초점을 맞춘 시가 지배적으로 유행하는데, 암시적으로 단편적인 효과는 있을지언정 눈으로 보는 시가 되어서는 안 된다는 게 내 생각이다.

시는 머리와 가슴, 마음으로 읽혀져야 하기 때문이다.

난 극히 보수적이어서 책을 통해 얻어지는 작가와의 교감이 중요하다고 생각한다.

백지 위에 춤추는 작가와 독자의 상상력과 이해력.

일상의 허리 반쯤을 시에 내어 준 내가 기실 이런 걸 논하는 것을 보면 시인으로 살겠다는 의지가 만만치 않음이리라.

글을 쓰다가 어떤 대상을 놓고 몇 연으로 할 것인가, 어떻게 끌고 갈 것인가로 고민을 반복하다가 감성 자체를 잊어버리고, 또 고민하고 애써하는 나를 보고 애초 싹은 그르다 싶었다.

한데 묘한 것은 몇 해를 모아온 시를 정리하다가 그래도 나름대로의 알지 못할 연대별 공통점이 있었는데 유감스럽게도 그를 잘 정리하지 못하고 책으로 냈으니 그 점은 책을 읽는 이들에게 숙제(?)로 남김을 용시받을 수 있을는지 모르겠다.

모 신문에 茶에 대한 칼럼을 쓰는 친구가 그래도 네 시에는 독특한 네 나름대로의 냄새가 있다는 말을 들었는데, 참 말인지 모르니 참 우둔하다.

한 두어 걸음 뒤에서 보면 하늘을 굽던 만월은 무어가 그리고소한 듯 야멸차고, 그 거리에는 온통 술 취한 이들의 오만한 언어의 토설물이 가득한가 하면, 부끄럼 없는 웃음으로 가득한 거리의 네온 불꽃은 건조하게 피어 내 피를 말린다.

그래도 희망을 가져 본다.

잠깐 동안 내린 비에 황사가 걷히어 말끔한 풍경을 한 날 질경이가 땅에 닿는 잎사귀 밑에서, 첫눈이 깔끔히 녹아 버린 이튿날 피폐한 먼지를 날리는 도로의 가장 자리에서도 나는 언제나 아웃사이더이었는데, 이제야 내 시집 한 권 갖게 되었다.

부탁드리 건데 누군가 한 분이라도 정녕 내 시를 읽고 내가 갇힌 육면체에 구멍을 내 준다면 그 또한 좋은 계기가 되리라 사료된다.

끝으로 표지 디자인에 많은 애를 써준 조카 진관이, 의정부 시립도서관에서 사서로 일하는 딸아이의 조언에도 감사하며 앞으로 당분간 부족함을 채우기 위한 독서에만 전념할 계획이다.

하이비전출판사 편집장님의 수고에도 감사의 말씀 덧붙이며 눈부신 날, 내 졸시를 읽어주신 님들께도 거듭 감사의 말씀 올린다.

2014년 7월 26일

의정부에서 이인복

차 례

제2부

제3부

제1부

할미꽃

허리가 굽은 게 아니라
목이 꺾인 게지
얼굴은 울혈로 붉게 타고

보푸라기 이는
상실의 염念
서러운 살갗

부질없는 분노 피해
양지바른 무덤가에서
눈치 살피며
회한悔恨으로 피다

여자로 늙었다는 까닭으로
주린 배 움켜잡으며
어쩔 수 없었던 노동

끅끅대며
목울대의 떨림으로만 말하다
다 뱉지는 못하고
그렇게
꽃이 되었나보다

소牛

소牛의 눈은
화경火鏡이라지?

세상천지 온갖 미물들이
제 덩치보다 커 보여

여물 몇 말로
코뚜레 질 일삼아도
행여 아픈 소리 없는 게다

느릿한 쟁기질로
긴 화전이랑 일구자 치면
어느새 달려와
눈망울에 걸린 석양

어둠이 찾아들면
이윽고, 참기만 참던
그 깊은 속내
슬프디 슬픈 달이 되어
무주공처에
둥실 떠있는 게다

폐가

아귀가 맞지 않는 뒤틀어진 문설주. 그에 긴 한숨으로 의지한 채 푸석한 토벽은 회억에 잠기고, 천정 도배지는 낮게 주저앉아 바르르 진저리를 친다

반쯤 열렸다 닫히지 않는 봉당문은 봉두난발한 늦가을의 저녁 햇살만 곧추서서 앞뜨락 무성해진 잡초 사이 철 지난 봉숭아 그림자의 키만 줄이고

이제 곧 궁시렁 대며 놋대야만한 달도 둥실 뜰 터이지만 딸꾹질 같은 시계 초침 소리가 덕지덕지 붙어 달빛 무게에도 쓰러질 것만 같은 싸리나무 울타리 위로 발 디딤 하여 누군가를 불러 보지만 깨어진 장독 뚜껑 위에서 너울너울 나비 되어 춤추는 늙은 부부의 환영만이 보일뿐

모두 어디로 간 것일까?
우물 뒤켠 앵두나무는 돌보는 이 없어도 저절로 피고, 지고, 열매를 맺고
마당 한구석 감나무는 따먹을 이 없어도 예년과 같이 저리도 열렸건만…

산 아래
강을 끼고 도는

좁은 도로 옆
애옥한 초가

울면서 떠난 누이
꿈길 하나 내주어도
여전히 돌아올 줄 몰라 하고

산은
봉우리 앞 강물에
풍덩 빠뜨려 놓고
모르는 척
강물은 그저
세월 싣고 흐르네

봄에 울던 소쩍새
아직도 남아
저리
피 토하듯 울어 대는데

네가 아니 온다 해도
기다리마
기다려 주마!

풀썩 주저앉아
그리 무너진다 한들

그 흔적 위로
억새풀만 키운다 해도

초가을

헤픈 햇살
웃음 한 바가지

늦 가마 탈
이장 집 맏딸
날 꼽고 세는 것처럼

이젠 씨 여물었다
초경 마친 딸을 보는
어미처럼

동네방네 찧고
까불고
흥겨운 바람

그랬거나
밤송이 아람 벌리듯
툭툭 터지는 희망

널널한 논밭은
제 멋에 흐드러지고
공술 한 잔에
더불어 취하고

상현달은

하늘 면경 보며

분단장 하느라

바쁘기만 하다

짝사랑

내 마음 한곳에
높은 울타리 쳐 놓고

아무도 못 보게
아무도 엿보지 못하게

홀로 키운 사랑

불현듯 한 마리
새가 되어 날아갈 적에

그대 날아가지 못하도록
언덕이라도 높았으면
산이라도 높았으면

그래서
그대
여전히 내 가슴에 있다면
그랬으면 좋으련만

그랬으면 좋겠네

칼

얼기설기 엮은 천막 사이로 새어 들어 온 한줌의 햇살은
사선으로 길게 누우며 미세한 먼지들을 부양시키고 있었다
마치, 언제이었더라?
느껴보았다 싶은 광경이었다
미친 듯이 엄마를 패대던 아버지의 광기 어린 술주정
나는 아버지에게 저주를 퍼부었지
아버지의 소 공화국은 늘 내게는 두려움이었다
칼을 던지는 광대의 몸짓에서 두려움을 느끼면서도
나는 그에게 독기 어린 조소를 보냈다
처절한 나락으로 빠지는 아픔에서
소 공화국의 황제에게 보냈던 야멸참과도 같은

한 뼘 남짓 끝이 예리한 칼
칼에 표적의 대상이던 내 또래 소녀의 무덤덤한 표정
그 폭력에서 이미 길들여진 나
칼들은 길들여진 광대의 손끝에서 힘찬 속도로 벗어나
네 활개를 편 채 과녁에 선 그 소녀의 몸체에서
정확히 한 뼘의 차이를 두고 꽂히고 있었다
나는 울면서
우~~~! 우~~~! 하고 속으로만 야유를 보냈다
그리고 절규하듯이 개구멍을 뚫고 같이 자리한

영춘이 녀석에게 외쳤다.
"야! 임마! 저건 다 거짓말이야!
저 아이의 주변에는 강력한 자석이 장치되어 있어서
칼은 다 저기 꽂히게 되어 있는 거야"
순간 나는 그 소녀의 공포를 읽고 있었다
나와 동질의 공포를
그러면서도 내가 했던 그 말이 진실이기를 바랬다
칼을 던지는 사내에게 당찬 적의를 품으면서
어쩌면 그를 즐기는 관객들에 대한 나의 적의이었는지도 몰랐다
칼끝은
어렸던 나의 공포이었고
아직도 내 자신이 그 칼의 표적이다

지금도
시퍼런 칼날의 끝을 가슴으로 받아 내면서

늦더위

밉살스런 시누이
시댁으로 살림난단다

발정 난 암고양이
심술 난 노처녀의
돌팔매질에
아주 멀리 내뺐다

노루 꼬랑지만큼
해도 짧아졌다

아침
저녁으로
제법 서늘한 바람

돌아눕는 영혼

그대
돌아눕는 영혼
adagio 악곡 같은
봄비에 젖다

해빙解氷의 강
다짐도 잊혀 가고

새벽 열차에
떠다밀려 올려진 건
고단하기만 했던
미련의 짐

돌아선 귓가에는
궤도를 밟는
그대 떠나는 소리 들린다
강물을 거슬러
기차는 떠난다

사랑이었다
그대는
잘 가라는 배웅마저도

울음으로 삼키고

장식 없는 무대에서의
에필로그 불이 꺼졌다

흐릿하게 반쯤 투명한
비닐우산 위로
투덕거리는 봄비
가슴 때리는데

그대 친구여
잘 가게

병실에서(1)

내 착한 친구
병실에서 쇠잔한 모습에
가슴이 아려 올 때
보슬비
뿌옇게 날리듯 나리고
내 시야에는
온통 안개꽃이
숱하디 숱하게 피었다

가슴 메어져 흘린
눈물 때문이었을까?

병실에서(2)

아~~!
저기가 바다인가

누군가 내 등을 떠밀어 잠기면
욕망은 퇴화한 지느러미가 되어
불편한 유영을 하다
바다 밑 바위 위에 걸쳐 가라앉고

그리고 심한 우울증을 앓을 게다
진화한 촉수는 비늘로 변화되어
더 깊은 곳을 찾아 숨어들 게고

내일이면 또 나를 잊을 게다
내일이면 나를 기억할까

병실 밖의 도시는 온통
거대한 바다이었다

병실 안의 나는
나란 존재를 잊는다

아프다는 것은
나를 잊는 일이었다

농부

등이 굽은 다리 아래로 탁류가 흐른다
영혼을 잊은 채 썩어 문드러지는 육신의 잔해들이
부토처럼 침전되며 켭켭이 쌓인다
유속이 빠르면 빠른 만큼 함성이 없는 분노는
가장 낮은 저음으로 가라앉는다
사랑의 기억은 찬란했다

가장 작은 공화국을 건설하여 새끼 낳고
몹시도 추운 날 소주 한 잔 거나하게 걸치고서도
돌아올 곳이 있다는 희망이 있어 내일도 존재했지

한그루의 나무를 심기 위해서도 땅이 필요했다
처절한 몸부림이었다
마루는 남녘 따스한 햇살을 받고, 뒤 울타리는 삭풍을 막아
주고
두텁게 덧 바른 진흙은
나민의 유일한 우주의 행성이었는데
미처 점령당하지 않은 그곳에 나만의 깃발을 올렸는데
이놈의 땅은 형벌을 가한다

게으른 부자의 부의 축척과
부지런한 없는 자의 빈곤. 참으로 참혹하다

그 양극은 하느님이 잠시 떨구었던
양심에서 몰래 파생된 쪼가리일 뿐이었는데
권력은 하느님마저도 복사하려 드는 인간사의 나락이다

동토에서 뿌리 뽑힌 나무
삭정이들은 이미 수없이 바서졌고
허리는 전기톱으로 잘게, 잘게 토막 났는데
어디로 쫓겨 가야하는가
이 땅의 어느 곳으로
어느 곳에도 없는 내 땅
절망은 눈물로만 흐른다

봄비

(1)
헤진 스웨터의
소매 끝에

새 헝겊으로 깁는
바느질처럼

내리는 봄비

올올이 발로 엮어
내 창가에 걸쳐 두면

오후 녘 느린
발걸음으로 다가선
까닭 모를 우울함이

개목련보다
먼저 찾아와
서성댄다

(2)
한꺼번에
모든 것

다 내보여 줄 수 없는
은밀한 봄

반투명한 실루엣
봄비 의상을 걸치고

촉촉이 젖은 엽서에
개나리 숨결 돋워

유혹으로
수취인 어줍은 가슴에
가득 젖어 든다

오후

부표 식물 같은 해

지린내 나는 오후

한 무리로 떼 지어
달려드는 권태
무넘기로 엉버티는 시간

꼬이는 활자

서먹한 이의 농담

문득 별것이나 되는 듯한
낡은 수첩에 이름들의 기억

그만한 깊이
그만한 일들이

오늘 하루는
별반 대수롭지 않은 듯

오늘 따라
중년의
텅 빈 오후

거짓말에 대하여

거짓말에 대하여(1)

머리 뒤통수를 맞대고서도
피차 반대 방향을 보면서
언제나
그립다고 말을 하고는 하지

오후 여섯 時 정각
바늘의 양끝 방향처럼
이제 곧 우리에게
자유로워질
밤이 시작됨이야

하면서
보이지 않는 곳에 있다하여
그립다고 말하는
그 지독한 거짓말

거짓말에 대하여(2)

작약은
장미가 되고 싶었던 게야

해당화도
장미가 되고 싶었던 게지

하물며
호박꽃도
장미를 꿈꾸고는 해

모두 까닭 없이
줄기에
가시 돋치고서 말이야

아무 짝에도 필요 없는
허울과 가식을 가지고서

친구를 그리워하며(3)

사랑은 예쁘게 겹 포장된
상자 안의 와인

우정은
모든 이가 들여다 볼 수 있는
투명한 소주

난
홀로 친구를 그리워하며
소주를 마신다

거짓말에 대하여(4)

달은
반쪽만 가지고서도
그림자를 만들고는 하지

한데
무수히 많은 별빛 속에서도
그림자는 생성되지 않는 게야

별빛에서
네 그림자가 있다면

그건
새빨간 거짓말

거짓말에 대하여(5)

6월의 태양이
울컥울컥 토혈하고

새까맣게 그슬려지는
내 살갗
타들어 가는 심장
그리고 더불은 분노는

한 잔 술에 찢겨져 가는
어릿광대의 손짓처럼

무너져가는 自我

맞벌이 부부

지금은 오후 여섯 시
내 가슴의 쇠말뚝에서
그대 마음까지 매인 쇠줄에서
튕겨져 나오는 소리는
이명처럼 윙윙댈 뿐이었어
팽팽하게 당겨진 그 격렬한 탄력은
무딘 칼날을 갖다 대어도
툭하고 끊어져 버릴 것 같아
언제나 마음 조였지

당겨도 다가서지를 않고
점점 팽팽해지는 쇠줄
하지만 사랑도 사람이 하는 일인지라
한편에서만 서 있어서는 아니 되겠지
늘 똑같기만 바랬다면
그저 허울만 잔뜩 뒤집어 쓴 사랑인 게야

쇠줄의 울음이
이명처럼 울어댈 때
"이제는 포기하고 싶어! 힘들어!
이젠 그대 곁으로 가고 싶어!"
하소연을 울음으로 삼키고

내 마음의 쇠말뚝을
송두리째 패 내어
그대 가슴으로 옮겨 놓을 터
높은 '도' 音에서
낮은 '시' 音으로 사랑해야지

지금은 오후 여섯 시
시계의 양 바늘 끝에서
서로를 외면하고 있지만
곧 같이 설 수 있는
열두 시가 되는 게야

지금은
서로가 지쳐가고, 쓸어져 가는
오후 여섯 시이지만

지금

부스럼 치료 받으러 온 병원의 진료 대기실 벽의 반투명한 유리를 통해 들어온 햇살이 변색되어 부스럼 난 상처를 아예 탈색시킨다
대낮의 형광등은 그 상처를 다시 빙빙 돌며 쉬의 유충을 슬 듯 간질러 대며 등고선을 그리고 있다
난 투박한 정 끝을 크로노스의 모래시계에 대고 거친 망치질을 해댄다
내리칠 때마다 파열되어 시간의 양을 재던 입자들이 눈부신 광채를 띠고 무수히 흩어져 떠돌면 그 속을 연체동물처럼 유영하다가 다시 진료 대기실의 낡은 의자에 또아리를 트는 퇴적된 시간의 끝에 걸쳐 앉는다
병원 진료 대기실에서의 졸음이란 妄念과도 같은 것일까?
팔, 다리가 부서지고 온통 상처로 망신창이가 된 내 시간들이 치료를 받고 치유되이야 함인데 그를 다스리지 못한 思考의 質量은 오히려 그 시간에 지배받고 졸음에 절어 있다
이제 곧 의사를 만나면 난, 나는 상처를 치료받으러 온 것이 아니라 내 시간들을 치료받으러 왔다고 해야겠다
아니, 내 구멍 난 허튼 思考를 치료받으러 왔다고 말해야겠다

회암사지

서둘러 일어서려다 밀쳐낸 의자
무너진 절터에서 따라온
탑첨의 노을이 웅크리고 앉아 있었다

무릇의 흥망이
세속사의 흥정에
석축마저 무너져

폐사의 침묵은
숱한 세월을 뒤돌아
다시 고요에 잠겨
쇠락한 역사의 한 움큼으로
탑첨에 걸리어
노을에 타고

한쪽으로 줄줄이 쏠려 나자빠진
책들의 이야기마저
흥정의 끝인가 싶어
서둘러 나오는
도서관 의자에
그렇게
노을이 한 움큼 앉아 있었다

겨울 山

손깍지 끼고
근근이 이으며 누운 산
초록을 잃어 황량하다

벗고 누우니
에굽은 능선의 각진 절벽
바람마저 비켜가는
질곡桎梏의 세월
부분 부분 그렇게
상처도 깊었나 보다

손가늠하여 재어 본
산의 무게
설핏설핏 이어진 계곡마다
질곡에서 벗어난 산수
했다고 해서
무게가 줄어들 리 없건만

봉우리 선은
초승달 닮은 아미
하늘을 받치고 있었다

지난해 여름
속 무던히 썩히며
속살까지 쓸어내리던
고달픈 음우陰雨

지금은
미처 개지 못한
잔설, 이불 덮고
늦잠에 겨워
북서풍 안고
갈그랑거린다

옥수수

옥수숫대 꽃이 지면
흰 옥양사 같은 머리카락
쑥대강이처럼 풀어 헤치고
제 몸통보다 가느다란
줄기 허리에 업혀 햇살 받는데

사람들은 떼 내어 거꾸로 들고
왜 자꾸만 수염이라고 하는 걸까?

옥수수수염이 아니고
머리카락인데…

우박

우박을 동반한 기습 폭우

슬레이트 지붕 위로
하하하…
흰나딩 요란한 웃음처럼 쏟아지고

자동차 엔진 열로 달구어진
아스팔트 바닥 위로는
수다쟁이의 변덕 같은
언어로만 튀었다

일상 소묘

궂은 봄비에 젖은 바짓가랑이
질질 끌며
내 손등과 발등에 시퍼렇게 솟은
힘줄 따라
구석구석에서 나를 찾고 있었어

땅들은 벌떡벌떡 일어나
온 몸을 열어 주고 있었지만
뼈마디의 뚝뚝 부러지는 아픈 관절에는
물이 통하지 않는 게야
한 삽 푹 떠서 퍼 제치면 나으려나

봄이라 해서 봄비 나리고
웬갖 꽃을 피어 대지만
말라비틀어진 손목의 힘줄만 가지고는
살 수가 없는 게야

「뭔 詩를 쓰겠다고 하는지?」

황토 같은 어머니의 얼굴에는
지렁이가 숱하게 굼실대며 기어갔고
뙤약볕에서 말라 비틀어져 죽어 갔지만
여전히 나만 보면 웃으시는 게야

어머님한테는 온통 진흙 냄새만 나지
어머님 웃음이 진정한 봄인 게야

뭔 자식 구실하겠다고?

잊고 있었던 게야!
어머님 얼굴이 봄인 것을
나는 잊고 그랬던 거야

그 거리에서

몇 개쯤의 기억을 안고 이 거리를 찾아 스며들었다

내가 자주 들렸던 술집의 여주인은 그간 주름살이 몇 개 늘었음에 화장은 더욱 진해져 있었고, 늘 웅크리고 앉아 게임에 열중하던 담배 가게 아저씨는 여전히 퉁명스럽다

맞은편 건물 이층 헬스클럽에서는 뚱뚱한 중년의 사내가 트레이드밀에서 쿵쾅대며 뛰고 있었고, 아래층 미장원에서는 잘려진 머리카락들이 엉켜 한구석으로 쏠려 섬찟한 항의를 한다

언제나 그랬듯이 몇 다발 시들은 채소를 팔던 좌판 할머니의 눈길은 손님보다는 행여 닥칠지 모르는 단속반들을 두려워하고 있었고 이미 그럴 시간이 훨씬 지났음에도 여전히 눈치를 살피느라 분주하다

역사를 빠져 나오는 발길들은 그저 제 바쁘기만 하다 모두들 살기가 그렇다는 이야기이다

꽤나 오랜만에 찾은 이 거리는 여전히 살기가 바쁘기만 하다 혹간은 그 처절한 가난 속에서 술에 절어 지내다 교통사고 후 식물인간이 되었을 적 그 아들이 사법고시에 합격했다는 이야기도 들었건만 나는 늘 바지런한 꽃집의 아르바이트 여대생의 상큼한 미소가 더 미더웠다

도로의 맞은편에서는 7층짜리 건물 공사가 한창이다

어둠이 거리를 장악한 지는 이미 훨씬 오래 전인데 키 작고

뚱뚱한 사내가 선글라스를 끼고 사뭇 위엄 있게 고급 승용차 옆에서 공사 책임자인 듯한 늙은 사내에게 무엇인가를 주문하는 듯싶다

부모가 소경이라 하던데 엄청난 부를 물려받았다고 했던가 그래서 그 밤에 선글라스를 끼고 있었을지도 모를 일

"쌔끼! 고스톱 칠 때 가리나 하지 말라고 해! 잘난 척 하기는… 씨발!"

그 선글라스 사내를 향해 내뱉던 허름한 옷차림의 사내가 소주 냄새 풍기며 내뱉던 말이다

사람들은 늘 바쁘기만 하다
종종 걸음으로 치닫고 내 빼고

당시 난 부를 열망하지도 않았고 늘 대박을 꿈꾸지도 않았지만 손님이 없는 가게 안에서 바라보았던 거리의 풍경들이 아직도 여전하기만 하다

모두들 별반 내색이 없는 듯하지만 그 속내를 어찌 내 모르랴 그건 내 탓이 아니라는 듯 순순히 그들은 그리 순응하고 있는 듯싶었다

네온들이 유난히 밝은 듯싶어 보이니 곧 비라도 내리려나 보다

허름한 슈퍼마켓에서 일회용 우산을 하나 사서 옆에 끼고 나도 그 거리의 사람들 속으로 휩싸여 든다

빛이 새어들지 않는 골목 끝에서는 주변을 휘휘 살피며 한 사내가 오줌을 깔기고 있었고 곧 철거될 육교 계단 중간에서는 수상쩍은 남녀 한 쌍이 언성을 높이며 싸우고 있었다

내 안의 사랑

화려한 형상과 향기로
유혹하고
가시 돋친 줄기로
암팡진 배신을 주는
장미꽃 보담은
동네 어귀 풀숲 길에서
오랜 객지 생활 끝에
고향을 찾는 자식을 기다리는
망초꽃의 풀내음이
어머님 냄새 같아
낫기야 훨씬 낫고

마주 대하고 앉아
보면 볼라 칠수록
괜한, 부담감만 더 해주는
백합 보담은
달 없는 밤에도
스스럼없이 곧잘 피어
이른 새벽녘 이슬 머금고서
둑방길 위에 핀
달맞이꽃의 순수가
정답기야

훨씬 더 정겹지

우리 땅에는
어울리지 않는
우울한 멋을 주는
사루비아보다는
촌가 싸리 울타리 밑에서
남의 시선을 사뭇 외면한 채
땅바닥으로만 기는
채송화의 비애가
더욱 슬프기야 하겠지

세상사의 이치야
이렇듯 실체와 느낌이
각기 다른 것을

제각각
사람마다
마찬가지이겠지?

누이

누이가 시집가던 날
난 아무것도 모른 채
논산 훈련소 각개 전투장에서
모진 훈련을 받으며
혹시나 보낸다 하던
책들을 기다리고는 했었지

첫 휴가 때
누이는 엄마가 되어 있었지
아무렇지도 않게
젖을 꺼내 아기에게 먹이던 누이에게
난 아연해지고 말았어
이미 아버지에게서도
내가 설 자리를 잃고 말았어
누이에게 나는 이미
관심 밖의 인물이었지

그렇다고 했지만
어디 내 누이야
그럴 줄 몰랐지

세상에서 처음 여자에게 받은

상처이었고
또 배신이었어

그럴 줄을 전혀 몰랐지

이제사 생각해 보면
그게 여자의 당연한
길인 것을
그저 내 누이가 세상의
단 하나의 여자인 줄 알았던
그때
아마 나는 사랑을 몰랐던 게지
그랬던 거야!

굳은 살

손바닥의 굳은 살
반복의 의미가 새겨졌다
살갗보다 단단한 물체가 주먹 안에서
돌고 돌아 상처가 아닌
흔적으로 남았다
산다는 것은 겨운 노동이다

움켜쥐면 쥐려 할수록
손을 펴려 하면 펼수록
떠나려 하는 것들
마치 마른침 같은 욕망 같은 것들
그래서
나이는 자꾸 마음에 횡선을 긋는다

살아가고 있다는 사실의
상위 곡선에는
언제나 너절한 욕구가 우선하고 있었고
불현듯 뛰쳐나온
사랑도 예외는 아니어서
하층구조 삶의 늙어가는 나이지만
횡선이 그어지는 것이다

꼬집어 뜯어도
날카로운 칼끝으로 조심스레 헤집어도
좀체 아픔이 없는 굳은살은
아린 생활의 흔적이라서
세상 걱정 모르게 키워온 자식들을
넉넉한 마음으로 볼 수 있고
횡선에 모든 사물을 올려놓고 볼 수 있는 것이다

굳은살은 언제나
아픔으로 새로 돋는 살인 게다

딸아이에게

너를 바라만 보고 있어도 나는 즐겁다
세상사 어지러이 돌아도 무언 상관이랴!

호박꽃 속에 반딧불이 넣어
꽃등 머리에 쑛고
패랭이꽃 화환 목에 걸고
달빛 무수히 스러지며
풀잎에 눕는 소리가 들리는
달맞이꽃 곱게 분장하는 밤이면
너는 달도 되고 별도 되고

너를 바라만 보아도 언제나 나는 즐겁다

어쩌랴!
행여 네가
오랑캐꽃 반지의 추억과
토끼풀이 시계 기억을 잃어가는 성인이 되어
내 곁을 떠난다 해도
여전히 나는 너만 보면 즐거운 것을

사랑하는 사람에게

당신이
나我이듯이

나 또한
당신이 되고자 했다

그 어둡고
비좁은 긴 통로에서

사랑하는
나의 사람아

이른 봄날의 스케치

진눈깨비

봄이 올 거라는
뻔한 눈치를 모르고
제 잘난 척하던 진눈깨비
정이월 풀어진 옷자락과
모의한다

안개

보름달 품에 안고
밤새 지분거리다
속내를 들킨
호수의 거짓말

초등학교 운동장

깃발 없는
길고 긴 깃대에
오 시 해가 대신 걸려
아이들을 키운다

먼 산의 얼굴

마른버짐처럼
히뜩히뜩한 잔설

맞은편 산의 근형近形
헛기침 두어 번 크게 하고
햇살 모아 양기 부풀리다

황사

지난 한겨울
눈 치우던 마당비
몽당자루 되어
곱게 치장한
아가씨 치마폭에
먼지 풀풀 날리며
심술부리다

고향

미친년 치마 안
구멍 난 팬티 속을 헤집던
재개발 광기

비듬가루 날리며
고향 어귀길
시오리 앞쯤에서

날품 팔던 봉순네
무덤을 판다
고향도 묻히다

나의 봄을 기다리며

기상청에서 추울 거라 하더니만
품어 올리는 담배 연기마저도
그에 꽁꽁 얼어붙어
내 좁은 방 안에서 그대로 차

아주 미세한 오차도 없이
맞물리는 톱니바퀴의 경쾌한 소리
시간은 늘 그랬다
어제도 오늘도
그제처럼 모레도 똑같은 소리로

눈眼을 가릴 수 있는
손바닥만 한 면적의 거울
귀를 막을 수 있는 만큼의
천박한 노래 소리들
겨우 말을 할 수 있을 만큼의 혓바닥만한
내 노트의 빈 여백들

내가 만들
책속의 낱장들 속에
위태위태한 비유의 비조화
허구의 낱말들

죽어도 거짓말을 말자던 거짓말의
또 다른 그 거짓말들

초조와 불면으로
양파 속껍질 벗길 때 흘리던
그런 눈물들

그랬던가?
그래도 그랬어도
그대 연초록 스웨터 앞섬의
금색 딱지만한 민들레
그 기억 하나면 되지 않겠는가

나는 나의 봄을 기다린다
몹시도 추웠던 날들의 아픔을
단지 희망으로 기다리며
그렇게

달맞이꽃

연 열 이레째 비

가로등 불빛에
깜빡 잘도 속은
달맞이꽃은 피고
그랬어도
여전히 노랗다

비는
더 오래 계속될 거라 한다

달님은
검은 구름 장막 뒤에서
발 동동 구르고

까닭을 모르는 달맞이꽃

여전히 잘도 속아
이른 새벽
둑길에서 흐드러지다

석양

포만의 휴식으로
입가 선혈 낭자하다

꽃뱀

무얼 그리 잘못 했나요

때로는 초록 잠에 빠지기도 하고
저녁노을 햇살 한 줌
노란 물봉선 꽃잎 한 장 빌리고
검정 조약돌 몇 개 주워다
길다란 몸에 치장 좀 했기로서니

그래서
꽃뱀이라 하시더니

무얼 그리 잘못 하였나요
그리 소스라쳐 놀라심은

한 해를 보내며

지금 이 자리
어쩌면
네가 앉았던
그 자리이었을 런지도 모르겠다

도시의 밤은
불빛이 꺼지지 않는다고 했지만
먼동이 트면
어쩔 수 없이 소멸되고
흔적조차 없는데
황당한 거짓말처럼
나는 석고처럼 그 자리에 있다
목 길게 빼어 기다리던 그 모습으로
네가 앉았을 자리에서
시간을 간직하고

세월 따라 떠난 새벽
조금은 낯선 느낌
네 웃음이 허옇게
네 사랑이 햇살에 탈색되어 갈 제
그제야 부시시
나는 자리를 털고 일어선다

부스럼 딱지처럼
상처를 떨구어 내던
달력 속의 이야기
너는 너를
나는 나를 기억하며
그렇게 살아가야 할 일이다

이후에라도
혹 네가 앉아 있을 모퉁이
달력이 걸린 그 자리에
내가 앉아서
까닭모를 신열에 들떠
무엇인가를 중얼거리면서

nihillist의 변

추수 끝난 벌판

나자빠진
허수아비의 변색된 폐안

동전의 앞뒤 같았던
풍요와 빈곤의 계절

가을은
그렇게 아무것도 없이
끝이 났노라

속병 앓는 비는
열병 오른 단풍에 내리더니만

그렇게
끝이 났노라

말라비틀어진
허수아비 입가에
긴 푸념이 새는
허허로운 들판

아비 노름빚으로
빼앗긴 땅에
한숨만 늘어진다

안개꽃

장미를
눈으로만 보자면
기품과 매혹이 넘쳐흘러
옛 애인 같아 보이고

목련 한 송이
가슴으로만 보자면
병을 앓는 친구 같은
애잔함으로
가슴 에이지만

안개꽃은
흐릿한 눈물자위 속에서
잔 근심같이 피어
늘
나를 나무라는
아내 같은
그런 꽃이기도 합니다

단연작심

제어 당하지 않는
어떤 키워드로 숨어들어야 할까?

심장에 이르는 맥박마다
차압당한 주파수 널뛰고

씨줄 날줄에 얽매인 모호한 명령어
불그락불그락 화만 돋운다

밉다하면 마음보다 훨씬 앞서
혓바늘 돋은 까실한 입에서 구르고

근 사십 년 지기 아기 첩 같은
그를 어찌 모질다고 할까

곁에 있어 섭섭함 몰랐는데
보내려 하니 당최 아쉬운 마음

애끓는 몹쓸 심사

월순네에 대한 추억

과거 행적이 없는 할머니가 시어머니 되었다고 입 댓 발 나온 며느리는 행여 몇 마지기의 논배미마저 빼앗길까 싶어 눈에 핏발 세우고는 했다

단신으로 들어온 눈물 없는 할머니는 말씀도 없어 뉘라서 이곳까지 오셨는지 아는 사람 아무도 없었다
죽어라 일만 하시었다

환갑 넘기어 핑계는 재취라 했지만 덕에 영감님 가난도 훨씬 펴졌고 논마지기도 늘어났다 간혹 서울 유학 중인 허울만 좋은 손주라는 놈들도 손을 벌리고는 하였다

사람들은 뒤에서 쑥덕댔다
“저 할머니는 필시 종군 위안부 출신일 게야!”

나를 끔찍이도 아끼던 할머니는 자신의 손등처럼 갈라진 부뚜막에 이밥 종기가 식을라 치면 겹겹이 개인 이불 사이에 묻고 나를 기다리고는 하셨지

할머니가 돌아가셨을 적 슬퍼하는 이는 나뿐이었다 흰 무명천에 쌓인 할머니의 시신은 쇠락한 역사이었다

난 입버릇처럼 할머니께 말하고는 하였다

"할머니! 내가 이다음에 훨씬 크면 돈 많이 벌어서 금방석 위에 앉혀 드릴거야!"

단지 이웃집 소년이던 나는 월순네 할머니의 무엇이었을까?

시를 쓰는 나에게 할머니는 배후령이 되어 계셨다
결코 부자가 되지 못한 나에게 대신 시나 쓰라고

제 2 부

가로등

홀로 외발로 서서
무슨 생각이 저리 깊을까
인적 뜸한 밤 길가
고개 숙인 깊은 상념 위로
별빛들은 부산하기만 하고
새벽이면 생각 거두고 사라졌다
이튿날 밤이면
또 다시 부서질 것만 같은
창백한 얼굴로
저리 가슴 시리게 서 있는 까닭은

가로등은
젖먹이 갓난아이 잃은
젊은 어미의 애절한 아픔이 고여 있는 듯
저리 파리하기만 하다

가을 편지

아주 특별하게 허락된 날
새벽에 잠이 깨어
음악을 듣듯이
가을을 듣습니다

계절마다 소리가 있어
가을은 미농지가
구겨지는 소리가 들립니다
때로는 격하게
함부로 뭉쳐지다
이내 아주 부드럽게 천천히
사각대며 부서지기도 합니다

무심하게
과꽃이랑 백일홍이 탈색되는 소리
억새풀이 서걱되는
소리 같기도 합니다

난시가 깊어진 까닭에
가을을 시각보다는
청각으로 먼저 듣습니다
고요가 귀 끝에 모이는 새벽

가을 소리를 듣습니다

땀에 밴 맨발 고무신
성급히 벗어 놓고
새로 산 운동화 끈도 채 매기 전
끌고 가는 소리처럼
가을은 참 성급하기도 하여서
오래 머물지 못하고
곧 몇 옥타브쯤 높여진 고음으로
이제 곧 살아질 터이지만

가을을 소리로 듣습니다
특별하게 허락된 날 새벽
나의 가을이 깊어 갑니다

거미

잔잔한 바람에
민들레 꽃씨 들러붙을 때마다
발놀림 바쁜 거미 녀석의 허탕

비껴 흐르는 오후 햇살 같은
녀석의 줄에는 온통
허연 민들레 꽃씨만 들러붙어

그 민들레 씨라도 먹고
나도 날아볼까?
허튼 생각에 허기진 오후

민들레 꽃씨는 죄다 어디서
꽃 피우려고 저리 극성인지
바람조차 혀를 차

파란 높은 하늘 밑에
거미 녀석의
고달픈 생활고

낚시터에서(1)

하늘 허리 반쯤
썩뚝 베어내듯
휘돌린 낚싯줄

구름 살 한 점 뚝 떼 내어
그리운 사람 얼굴로 뭉뚱그려
미늘 턱 없앤 바늘에 달아
수심에 내리고

뚫어져라
뚫어져라 바라만 보다
그만 잠이 들어
꿈을 꾸었지

구름 살점이 크게 부풀어
커다란 호수가
온통
그 사람의 얼굴이 되었다.

낚시터에서(2)

하늘의 방관이 부러워
짐짓 화난 얼굴로
눈 한번 흘기고
물속의 평화
그를 시샘해 낚싯대를 드리운다

뒤틀린 내 심사는
일상의 편린들에 의해
뭍가로 밀리어 있고
허공의 여백을 가로 지르는
낚싯줄은
시름을 안고 침전한다

물속의
생명사에서 어쩌면
번뜩이는
희망 하나쯤 건져낼 수 있을까

하늘을 담은 수면 위
부동의 결좌結坐를 튼 찌 위로
고추잠자리의 날갯짓은
가을의 퍼포먼스

내 시름도
가을바람도
낚싯대 끝에서
고요로 정체되어 있었다
시간도 멈춰 있었다

내 살아 있음에
낚아 올려야할
참으로 수많은 일들도
사랑도 많을 터인데
많기만 한데

호수가에서

삭은 이가 뻗대는 듯한 아픈 마음
저기
깃털같이 가벼운 웃음으로 남은
갈대숲에 묻고

비늘 갑옷 입은
물고기 되어 자유로워질거나

파도

파도(1)

누님의 심장에서 떨어진
비늘 하나
바다 위를 번뜩이며 떠돌다가

바다에 묻을 수 없는
회한이 있어
뭍으로 달겨드는 게야

사랑하는 사람
바다에 잃어 바다가 싫다고

푸른 피멍 안고
그리 부서지며
그리워하는 게야

파도(2)

파도는 허파로 숨을 쉬는 게지
들숨으로 부딪치고
날숨으로 흩어지고

海月을 밀어다

뭍 위에 띄워 놓으면
잠시 바다는 잠잠해지고

다시 숨을 고르라 치면
여전히 바다에 떠있는 달

파도(3)

도서관에서 파도를 꿈꾸고는 하지
그 깊은 해수의 무리들이 낱말이 되고
보이지도 않는 곳에서 언어가 되어 넘실대며
이 침묵 속을 쳐대는 거야
파도가 들이닥칠 때마다 의자 등받이가 휘어지고
펼쳐 놓은 책장의 양쪽 페이지로
파도의 포말이 가득하고는 하지
시를 쓰겠다고 연필을 잡으면
다시 언어가 부서지고, 낱말들이 흩어지고

오늘 밤늦게라도
파도를 보러 강릉 가는 버스를 타야 할까봐

내 마음의 공터

쓸 수 없는 날의
내 마음에 공터

어쭙잖은 언어들이
모서리에만 남아
애오라지 각도 사이에서
원추곡선만 그리고

비릿한 칠월의 햇살에
제대로 자라지 못한
개망초만 흐드러져
일없는 똥개만 서성댄다

아~~~ 어썰까나?
술마저 없는
이 공터에는
욕심으로만 가득할 뿐인데

화장하는 아내

화장발 안 받는다는
얼굴에다
그리고 또 그리고
옛날 그리움이야

마음은 열아홉
몸은 쉰 살

안타까운 마음
발등 저리는
궁색한 세월
뿌연 면경이
어디 제 눈 탓만이겠는가

선부른 농담에

그에 부아가 치밀어
눈썹 길게 그리고
새빨간 연지 찍어 대고

짙은 자줏빛
옷고름 매무새에
행여

웬 녀석 눈길 한번 안 줄까나?

아내가 화장하는
오후의 잔영이 붉다

왕릉王陵에서

목에 탯줄 감은
영겁永劫

검불 모아
구릉 위로 올리는
바람결 뒤에
얼핏 보이는 역린逆鱗

세월의 포설에 묻혀
켜켜이 쌓인 침묵

회운回雲 머무는
산마루의 그림자
회한으로 서럽고

일 백리에 못 미치는 궁궐
부러 좁힌 곡장曲牆
마음 열어 놓은
그 하늘 밑의 응어리

장명등 헤집는
무게 실린 햇살
쇳소리로 찢어지고

눈물 많은
세인世人 하나
상석에
터지지 않는 곡성哭聲 올리는데

거침없는 세월

정자각丁字閣
용마루에 걸친
무상無想의 연월年月

낮달(1)

축제는 끝났다.
폐기된 용도
그믐에 저미는 헛헛함
화장 덧칠 해봐야
퇴주 같은 쓸쓸함

자꾸만
야위어 간다

낮달(2)

참으로
바보만 같아

온 산하
제 빛 아래 있다고
우쭐대며
흥청거리더니만

채 하루도 지나지 않아
보아 주는 이
아무도 없다고

왼 종일
창백한 얼굴 한 채
혓바늘 돋아
칼칼하게 굳은 언어를
삼키고만 있지

푸른 하늘에
동전만한
버짐으로만 남아서

다시

밤을 기다릴 터이지만

이미
한쪽 귀퉁이 일그러져
어젯밤의
빛만 할까?
그럴까?

산

산은
육신을 보듬듯 껴안으며
상처를 치유시킨다
엎어져 팔꿈치에
무릎이 깨지고
아픔 보담은
그저 멍하니 있다가
고개 들었을 적
괜찮다고 어서 일어나라고
말없이 그저 편한 눈초리로
살펴주는 산은
마치 아버지 같았다

가슴에 숱한 생명을 키우며
싫은 소리 한 마디조차 없이
그저 침묵으로만
제 살을 깎아내며
인내하고 사랑으로만 베풀어
그것이 벅차기만 하였다
산은
아버지와도 같은 존재이었다

굳이 오를라 치면
그 굳센 허리 비스듬히 내어주며
가슴으로 안아
나는
나무도 되고, 꽃도 되고
새도 되고, 곤충도 되었다
무거운 침묵은
무섭기도 하여
다시 아이가 되기도 하였다

산은
아버지 같은 존재이어서
그저 바라만 볼 뿐이다

산은 오늘도
여전히
제자리에 서 있었다

고드름

그토록 소유하고 싶던 그녀의 나신이 툭 떨어지려한다
손에 넣을 듯싶던 기다림이 거의 잡힐 때쯤, 투영되는 햇볕에
하얗게 녹아 흐르다 내 두어 평의 공간에 뿌옇게 짓눌린 먼지들
에 놀라 역류하여 다시 거꾸로 매달린다
내 겨울이 숨을 헐떡인다

미처 녹지 않은 응달 구석에 쌓인 눈雪
또 눈이 내리면 덧덮여 쌓이고 그렇듯이 겹으로 덮이는 일상의
단편들 그리고 고단함
단 한번 눈 흘기고 말 애증이 내 한숨 밑으로 꼬고 들어 앉아
있을 적 고드름이 수직으로 매달려 날카로운 창끝을 날 세워
내 목덜미를 겨냥한다

겨울 내내 둔감의 땅에 쌓인 눈
입김으로 얼어붙은 좁은 방 창가에 무채색 성에가 끼고
입김으로 후우 불면 자그맣게 보이는 세상
지붕에는 고드름이 일렬로 매달려 있었고
나의 겨울 한복판에서 나도 거꾸로 매달려 있었다

고추잠자리

저것 좀 보라지
뭐 마려운 개 뱅뱅 돌듯
공중에서 영혼처럼
제 궤적만을 맴도는
고추잠자리

가을 햇살에 잘도 익어
빨갛기도 하다

빈속 한 잔 술에 취했던
내 형의 얼굴 같이
빨갛게 취해 버렸다

어지러워~ 어지러워!!!
고추잠자리의
넓게 원을 그리는 활공

도수 높은 안경 낀
내 형의 마음같이
투명한 날개를 가졌다

형의 꿈같이
그저 맴돌기만 한다

저녁노을

해님은
외눈 부릅뜨고
저 혼자 잘 났다가
22번 플렛의
1번 기타 줄처럼
단발마적 파열음으로
피날레를 장식한다

그저 못마땅한
스쳐가는 먹장구름
심술 사이로
스러져가는 하루
저녁노을이 붉게 탄다

마지막은,
끝은
또 다른 시작의 의미

심술 사나운
장맛비 구름 위에서
달님은
또 다른 태몽을 꿈꾸려는가?

채송화

버선코만한 키

그림자 만들 수 없는 아픔을
덧낸 바람
미워할 까닭 없이
삐친 햇살
되 보낼 이유도 없이

금촛대에 꽂힌
촛불처럼 고요하다가

고깔 속에
까만 씨앗 가득 채워

그대가 무심코 버린 하늘에
노을이 지기 전
서둘러 꽃잎 접고

유심히 봐주는 이 없어
외로이 지다

이 땅의 서러운
이야기 같이

아침 산책길에서

어제는 왼종일 단비가 질척대더니만 밤새 비가 그치고 나니 아침 햇살이 그리 눈부실 수가 없었습니다

여리디 여린 5월의 나뭇잎 사이로 반짝이며 은색실로 온통 숲을 엮어 놓았습니다 그제 밤새 울어대던 소쩍새는 어디에서 비를 피하며 울음을 삼키었는지

혹 소쩍새가 머물며 울어댔던 자리이었음 직한 자리에는 철늦게 피어난 산철쭉이 핏빛으로 새초롬히 젖어 있었고 키 작은 앙증맞은 떡갈나무 잎새는 무어 그리 신기한지 연신 사방을 두리번거리는 듯합니다

숲이 희망으로 들떠 술렁이며 환호하고 있었습니다

그리고 숲에는 진한 향기가 있었습니다

새침데기 스물여덟 딸아이의 향기인 듯싶어 언뜻 고개를 든 시야에는 아카시아 꽃들이 하하…! 호호…! 결코 시끄럽지 않은 웃음을 모은 채 하늘 가득히 피어 있었습니다

그 웃음의 일부는 출근 차량이 밀리는 차도 위로 떼굴떼굴 구르며 용케 차들 사이를 비집고 웃음을 날리고 있었고 또 한 무리는 먼 산 봉우리에 걸리운 어제 밤비의 끝자락이었을 구름을 향해 싱그러운 웃음으로 안녕을 고하고 있었습니다

어제 저녁 비로 잔뜩 우울했던 마음이 이리도 맑아짐은 투명하디 투명해서 맞은편의 사물을 가슴 시리도록 아름답게

비춰 주던 아침햇살, 숲, 그리고 딸아이의 냄새 같은 아카시아 향기 때문이었습니다

문득 더없이 행복함을 느낍니다

이미 출근해 있을 딸아이에게 사랑한다고 문자 메시지를 보내고 나도 출근해서는 문득 생각나는 친구들에게 전화를 걸어 이 아름다운 아침을 이야기하려 합니다

놈들은 참 실없는 놈이라 하겠지만…

참 오랜만에 느껴본 포만의 행복이었습니다

이 글을 읽는 당신에게도 이 아름다운 아침의 이야기를 들려주고자 함입지요

이 아름다운 아침에 모두들 행복하였으면 참으로, 참으로 좋겠습니다

밤안개

가을은 각질을 앓아
가을비는 비늘들을
모두 떨궈내어
나목 애 울음 울고
입이 써서 피워 문 담배는
잔 미련에 토역하고 있었다

비 그친 후
미세한 명주실에 매달려
반투명한 장막을 내리며
가로등 촉수마저도 흐릿하게
덮어 올 때는
어깨 늘어뜨리고 집으로 돌아오는
길은 피곤만으로 가득했다
습기로 포화된 잔 알갱이들이
어깨를 짓누르고 있었다

밤안개는
전혀 알지 못할 곳에서
은밀하게 모의된 음모 같아
새벽은
노이즈 심한 은막에서처럼 서 있어

갈 곳을 몰라했다
미궁 속에서 헤매인다

지척에 있는
사랑도 몰라 하며
먼 길을 돌아 헤매이고

달무리는
하늘 반쯤이나 차지하고 있어
내일이면 또 비가 올 게다
밤안개도 여전할 것이어서
달삯이라도 받으려 함인지

가을비 질척이고 간 밤
나목은 애 울음 울고
나는 아픈 어깨 때문에 울 게다

만추晩秋

이제라도 곧
무서리 내리려 치는데

서까래 잔 그늘 만드는
잔망한 석양

순하디 순한 황소 눈에도
가득가득
외로움만 남아

올망졸망 떼거리 지어
땅 따먹는 땅거미

봉숭아 꽃잎 물들인
꼬마 아이 손톱도 자라나서
속절없는 세월

돌아앉은 이
빈 술잔 속의 상념

주섬주섬
가을은 모든 것
다 주워 가버리려 하네

발꿈치 포개고
돌아누워 설핏 잠드는
초저녁
마른 잎 떨어져
머리카락 희어지네

돌배꽃

꽃이 이쁘다고
열매마저도 예쁠까마는

기껏 며칠 피기를
그리도 화사하더냐

바람을
중매쟁이로
달빛과 연을 맺었더니만

달포도 못가
님은
엄한 아픔만 만들어 놓고는
나 몰라라 하네

덩달아서
바람은
달빛도,
네도 모른다
시치미 뚝 떼고

내년
다시 홀로

꽃 피우면
네 이놈!
멱살 잡았다가

슬며시
안기고 말
그 놈의 정이라는 것

세월
하 오락가락하여
종잡을 수 없는 심사

애끓는
육신에는
죄 없는 못 생긴
열매만
주렁주렁

졸음

가느다란 실에 매달려
어머니의 자궁으로 회귀하는
그 찰나의 연속

아득히
잠기고 싶은
간절한 소망

아버지께

북쪽으로만 가는
바람이 있어
내 전할 말 있으니
잠시만 멈춰 달라했더니
매몰차게
처마 밑의 낮은 굴뚝 연기만
휘몰아 내치듯 달아나고

북쪽에서 온 기러기 무리들에게
아버님 소식 물었더니
나는 모른다
나는 모른다고
거친 날갯짓으로 달아나고

잔잔한 미소가 미더워
달님에게 물었더니
버드나무 덧가지에 매달린
애절한 그리움만
선뜻 베여내고

서둘러 쫓기듯
그리 급할 까닭도 없는데

종종 걸음으로 가신 아버지는
여린 아픔만을 남겨 주셨다

어둠의 무게 가득한
맞은편 산허리쯤 바위에
외로움만을 음각시킨 듯
그렇게 회한으로 묻고
산 끝 선으로 사라지셔서

아버지
지금 어디쯤 가고 계시나요
춥지는 않으시고요?

그리운
내 아버지

매

황량한 벌판에서 먹이를 찾는
매의 날갯짓은
얼마나 격한 노동일까

건조하고 냉한 기류 타고
척박한 땅에서
보이지 않는 먹이를 찾아
사납고, 외롭게

사육되는 새들의 비웃음이
비릿한 연기 같이 자욱한
벌판에는
망각된 자유가 널브러져
썩어가고 있다

매의
눈은 선한 듯 격하고
날갯짓은 부드러운 듯하면서도
필사적이다

노을

사루비아 꽃잎처럼 뜨겁고
잔인했던 여름의 기억도
이젠 잊으라고
잊으라 해서
아예 잊힐까 싶어
숲 덩굴 속에 쑥부쟁이
한 움큼 뿌려 놓고
저만큼, 내쳐 달아나다
돌아서서 흘끔 되돌아보던
여름 햇살은
시간의 영겁이 되어
지금을 망각으로 밀어낸 채
노을이 되어
하늘을 데우고 있었다

안개

연필로 쓴
내 시의 색깔처럼
음울하여

그저 내뱉지 못한
투정처럼
신음만 걸그렁 대며

비석의
음문처럼
음각되어 자빠짐에

안개는
꾸역꾸역
포식자의 아가리 되어

이리도
나를 삼켜 버린다

첫사랑

잊겠다고
쉽게 잊어질까

잊겠다고 다짐하면
그리도 쉽게 잊히는 것일까

내 마음 한구석에
떨어져 있던
몇 조각쯤의
반추되던 시간들

비단 보자기에
곱게, 곱게 싸서

손길 닿지 않는
다락 한켠에 밀어 놓고
빗장을 질렀건만

그랬어도
몹시
생각날 적마다
아끼고 아껴서
조금씩 풀어 보고

다시, 매듭지어서
빗장을 지르고

떨리던 가슴
여전한
미진으로 남아

채, 못다 읽은
아름다운 소설의
마지막 책장처럼
그냥
가슴에 묻고

한 잔 술이
허기진 뱃속에
헛헛한 싸함으로
그렇게 가슴으로 묻는 것

우중 수락 산행기

산허리에 휘둘린
여인네의 치마폭 같은
구름만을 보고
배낭 메고 나섰는데
수락에 비가 내린다

늪지의 음울함보다도
더욱 눅눅하고 우울한
우중 산속
지독했던 폭우에
뜯겨져 나갔던 살점들
쓸어져 내린 토사
상처는 깊어 있었지만
애써 모양새 키운 꽃가지들
수락은
어머니 같은 마음으로 보살핀다

낙엽 썩는 열기는
후끈 달아오른 호흡을 달구고
등허리를 두드리는 빗방울은
능선에서의 고요로 적시며
나는 점차

태아 같은 모습으로
웅크리며, 더 작게 웅크리며
수락 속으로 잠겨든다

수락은 숲이 있고
숲은 생명을 보듬는다
차츰 숲의 모유가 될
비는 산을 어루며
낮은 음으로
산은 모태라고
내게 일러준다

향나무

살결 터진 늙은 향나무
가장귀마다 쉬여 터진 상처가
아물다 덧나고, 도지다 낫고

얻은 것보다는 잃은 것이 많은
삶의 각질이 덧덮여
등마저 굽었어도

탓함이 없는 각태의 온화함에
향기 그윽하다

웅덩이

오목 거울의 중심 끝
유년 시절

물방개, 버들붕어, 소금쟁이, 장구애비, 물장군,
게아제비, 뭉땡땡이, 송장벌레, 찰거머리…

논배미 구석진 웅덩이
수면을 가득 채운 쪽빛 하늘

그 작은 우주는
이제 아파트 석주에 묻혀
화석 되어

머리칼 희끗한
황량한 중년애비
심안에 아스라이

그리움
그리움

실종된
유년의 작은 우주

고대산에서(아버지 마음이 되어서)

울고 싶은 날에는 소리 내여 울어보자
저 멀리 철원 평야가 보이는
산에 올라
끊임없이 반복되는 외침을 들으며
숱하게 쓰러진 영혼과
덧 칠해온 시간들을
거칠게 휘도는 바람으로 안고
소리 내여 울어보자
뉘라서 버린 방관인가?
남, 북녘을 자유로이 활공하는 새는
황사 가득 귀기 어린 하늘을
넘나들며 까닭조차도 몰라 하고

전쟁의 화마가 휩쓴 마을은 모두를 잃었다
사라진 마을
강원도 철원군 중세리
고향을 잃고
사랑을 잃고 신음한다
잔잔해진 숨결을 고르는 철마는
신탄리역에서 다시 되돌아갈 채비를 한다
울고 싶은 날에는 울어보자
흐릿한 햇살도 깨여져 조각나

조각난 장독 위에서 흩어지는데
마을의 성시마저 잃었고
역사마저도 끊겼음인데…

사무치게 그리운 이가 있어
눈물 나는 날에는
고대산에 올라
광야를 바라보며 울어보자
서로의 가슴에 상처를 긋는
휴전선을 멀리 바라보며
그리운 이여!
그대는 아직도 고향에서
나만을 기다리고 있음이련가
젖먹이 아들은 어떻게 자랐는가
그대 그리워 울고 싶은 날
그대 멀리 보일 것 같은
산에 올라
나는 울고 있음이다

나는 울고 있음이다

서투른 봄

까칠한 봄바람이 불었다
봄이라기에는 너무 이르다

잔 버짐 같은
까칠한 냉이꽃이 피었다
성급히 봄을 탄다

내 신발 뒤축에
봄 햇살이 머물렀다

방향을 잃은
봄바람은
두터운 외투 밑으로 흘러내려
아직
봄은 이르다고 투덜댄다

권태

스멀스멀 종아리를 타고 오르는
절지동물의 발놀림 같은 시간의 간지러움

온몸을 부르르 떨며 진저리 치는
오후 네 시
mannerism에 눈가 밑에 깔리는 권태

허무히 무너지는 억장

완두콩 넝쿨 위에 냉큼 올라앉은
160° 각도의 햇살
무섭게 노려보는 오후

남새밭에 발목까지 묻고 서서
제 무게보다 무거운 자식 등에 업을까
무시로 걱정 많은 옥수숫대

이때쯤이면
내 나이를 헤아려 보아야 할까?

강가에서(1)

강의 이름들은 모두 슬프다
산그늘의 깊은 수심마저
가득 채워 고요히 흘러서일까

나도 흘러 부대끼다 보면
내 삶도 강이거늘

한 모서리 잠시 부딪쳐 흐를라치면
그때 참기 어려운 신음소리

강은 그저 그러하다는 듯
여울목 구비마다
유연히 비껴 흐르는데

난, 자꾸만 아프다고 한다

긴 세월이 흐른 뒤 돌아보면
나는 아직도 그 자리

앞서 흐르던 강물도
여전히 제 자리인 듯싶은데

후회의 자락들은

언제 이곳까지 따라 왔던가

강물이야
속내를 침묵으로만 감춘다

강가에서(2)

나는 바람이어도 좋다
그 옛날
냇가에 띄웠던 종이배
이제는
이 강의 어느 기슭에선가
어느 나루에선가
붙들려 떠나지 못하고
그저 강물은 흐를 때
슬며시
그 종이배를 찾아나서는
난 바람이어도 좋다

이른 새벽
안개를 가로 지르며 달리면
이마 앞머리 하며
양 눈썹에 허옇게 맺힌
이슬방울들처럼
머리 반백 되었어도
여덟 살 강가에서 놀던 아이
여전히 돌아오지 않아
이제사
그 아이를 찾아나서는

나는 바람이어도 좋다

구름 흐르던 언덕길은
제 모습 수시 변하였으나
강물이 흐르던 길은
여전히 변함없어
인생은
구름에 속아
여전히 세상 떠돌 때

강물은
언제나 느리게 흐르며
돌아오라 하는데

나는
바람이어도 좋다
그 구름
강의 초입에 살포시 놓아주는
그런
바람이어도 좋다

강가에서(3)

수면 위로는 떨리는 바람이
잔물결 파동을 일으키고 있다

나는 훌훌 옷 벗어 강물에 띄운다
그리고 물고기가 된다

번뜩이는 비늘을 모두 떨구어 내어
강물 위로 띄우고

강바닥에 배를 납작 붙인
강모래무지가 되어

각도가 어설픈 하현달
가슴에 받고 엎딘 채

언제나 예전 그대로인
강물에 존재이고도 싶다

어머니의 얼굴같이
주름살 많은 강

강둑에는
달빛 비늘들이 둘러붙은
억새풀들이 그리 빛나고 있다

노동의 하루

살 속까지
그슬리는 햇볕

투시된 시간은
염분 없는 땀방울로
그림자까지 적시고

되바라진 싸리꽃
음흉한 붉은 색깔 매섭다

외 전봇줄에 걸터앉아
균형 못 잡는
부리 긴 새의 불안함처럼

묵은 쌀 서너 됫박
허울로 치장된 희망

머릿속까지
그슬려지는 하루

걸음걸음마다
휘청되는
자아에 대한 방관

눈물 한 방울
땀 한 방울의 염도
비교치보다는

차라리
가난한 아버지로 남는

그래도
그랬으면 되는 하루

부부싸움

거칠은 태클
펄쩍 뛰어 용케 피했더니만
발이 땅에 닿기도 전에
카운터 펀치를 맞아
정신을 잃었다

마누라의 싸움 솜씨는
눈부시게 발전하고
눈치 하나는
가히 달인의 경지에 올라

내 거짓말은
이젠 아무 소용도 없다.

우~~~ 우~~~
생채기로 얼룩진 시월 초
아직도 주인 없는
상갓집 갈 일이 많기도 한데

영문 모르고
살아서 영전에 모셔졌던 사람들이
고것 봐라~~!!!
쌤통이다

혀 날름대며 놀리지

애고~~! 애고~~!!!
난 이제 어쩌면 좋아???

제 3 부

사랑법(1)

늘 사는 방식도 서투른 사내는
사랑도 서툴러
무얼 어떻게 해야 되는지를 몰라 했다

까만 씨앗을 꽃잎에 남기고
시들어 가는 분꽃의 의미를 슬퍼하는
그 여자의 바람을
무덤덤히 넘기기만 하여

낙화한 모습이 처참하지만
그래도 그 사람의 눈길을 끌 수 있는
화려하고 커다란 접시꽃이
차라리 부러웠다는 의미조차도
전혀 몰라 했다

늘 어둠 속에서
피곤만을 잔뜩 짊어진 채
잔뜩 웅크려진 어깨에
달빛을 업고 돌아오던 길에서
달맞이꽃이
참 그 여자와 닮았다고 느낀 것이
사랑이었다고 하면

그게 아마도 전부이리라

그랬어도,
서투른 사랑법이기는 하지만
사내는
그 여자를 위하여 매일 야간작업도
마다하지 않았고
진정 힘이 들 때는 같이 힘들어 할까 싶어
홀로 울기도 했는데

사내의 서투른 사랑법 때문에
여자는 늘 외롭다고만 한다

오늘도 하루
숨도 고르지 못한 채
또 잠들어야 하는 사내
그도 참 외롭다

사랑이란
참 외로운 것이다

사랑법(2)

사랑은
아무도 가르쳐 주지 않는다

배운다고 해서
깨우칠 수도 없는 것

비 오는 날
네온과 함께
밤새 젖어 울다
무작정 올라 탄 새벽 버스
내릴 곳도
종착지도 몰라 하다

전혀 낯선 거리에서
추적대는 비처럼
끈질기게 따라 붙던
못내 그리운 사람 있으면

이미
사랑을 깨우친 게지

스스로 터득한
사랑인 게지

사랑은
아무도 가르쳐 주지 않는다

스스로 아파하며 보듬어
그 대상을 통해
깨우치는 심사인 것을

잊혀지는 이름이 된다는 것

그대 기억 속에서
이미
잊히는 이름이 된다는 것

무뎌진 가위로
손톱을 깎아내듯
내게는
몹시도 힘든 일입니다

깎았어도
어느새 자라나서
또 깎을 즈음에도
내 마음은 여전하여

그대 기억 속에서
내가
잊혀진다 함은

눈물 없이
그저 고통을
감당하라 하심이지요

그렇지 아니 하심인가요?

여우비

오후 한나절
느닷없는 지랄 같은
여우비

어머님 꾸중이 누려워
안마당에 걸린
빨래 성급히 걷으려다
그만 바지랑대 걷어차
아차~!

장독대 밑 채송화
노란 혓바닥 낼름 놀리고

오수에 잠겼던 누렁개
화들짝 놀라 눈 휘둥그레

그에
햇살은 여전히
쨍~~쨍

난,
난 몰라!

편지

어젯밤
혓바늘처럼 돋은 아린 말들을
무작정 쏟아냈다가
지워 버리고

가슴에
눌어붙었던 아픔 떼 내어
밤새도록 쓰다가 지워 버리고

수취인의 주소는
다만, 가슴에 묻어둔 채
혼자만의 독백인 말들

새벽녘 새파란 빛에 사라지며
전원 off된 새까만 모니터에
잔상으로 남아 있는 말

"그립다고…"

끝내 부치지 못하고
그렇게 책갈피에 묻어둔 말들

내일은 다시

또 다른 모습으로 너를
너를 그리워하며
편지를 쓰고 있을 것이다

길

잡초만 무성한 봉분 사이에서
어린 꽃뱀 한 마리 기어 나와
고개 들어 방향을 재다 사라진 후
아무런 움직임도 없는 한적한 길
개망초 흐드러지고
드문드문 피어난 패랭이꽃
서먹한 길섶에
6월의 햇살이 기웃대면
보고 싶은 얼굴
나풀대며 걸어올 것만 같아
내 마음 뭉게구름으로 피어나는
오롯한 오솔길

봄

(1)

봄 햇살이
늦은 잠을 깨운다
틈새 틈새마다
쏟아지는 햇살
손안에 잡아보려
움켜쥐면 손가락 사이로
너무 쉽게 빠져 나간다

봄은 느낀다기보다는
볼 수 있는 것이 아닐까?
식물들이 싹을 틔우고
꽃을 피운 다음에야
우리는 봄을 의식하는 것이 아닐까?

우리가
겨울을 정리하기도 전에
봄은 이미
저만큼에서 미소 짓고 있다

(2)

바람은
끝이라고
끝의 그림자라고
얕은 구릉의 양지 녘에
냉이꽃 양지꽃이
개나리 진달래 눈치 보며
낮게 몸을 낮춰
몰래 숨어서 훨씬 먼저 피었다
뒷켠 잔설은
겨울의 끝을 붙잡고
무엇인가 하소연하는
겨울 그림자의 끝
바람은 그래도 안간힘 써본다

(3)

봄은
잘 짜여진
희망이란 구도

어쩌면
좋은 인연 만날까
허튼 욕심에

배낭을 챙겨 메고
산을 찾아 나선다.

속옷 한 꺼풀 벗어 던졌음인데
이리도
자유스러움이야…

상실의 세월

눈에 보이는 모든 사물에는
모양대로이건, 슬프게 미쳐 가는 것이건
의미 있는 이름들이 있다
언제 누군가에 의해 지어진 이름인지는 아무도 모른다
〈대낮의 반달의 살아진 반쪽의 모습은 흔적조차 없는데 나는 그 이름의 흔적을 찾으려 무진 애를 쓰며 회전하는 굴레를 타고는 했지만 여전히 찾지를 못하고 있다.〉

움직이는 모든 것들은 소리가 있다
달콤한 유혹의 선율이건, 때로는 거치를 마찰음이건 간에
소리는 늘 곁에 있다
〈끊어질듯 이어지는 낙엽을 태우는 연기는 소리가 없어도 마음을 옮아 버리는 소리가 있는 듯싶어 그 소리에 잠을 자다가도 소스라쳐 깨우기 일쑤이다.〉

보이지도, 움직이지도 않는
행복이라는 것은
도체 어떤 모양이었고 어떤 소리를 내었을까?
눈멀고 귀먹은 나는 안테나 세워 소리를 듣고
마음은 늘 갇혀있어 보지 못한 채
상심으로만 관조되는 어리석음에 있다

내일은 강가라도 찾아나서 봐야겠다

아내는 외출 중

주방의 식기들, 세탁기 그리고 수도꼭지마저
침묵하고 있다
알지 못할 적막 괜한 불안이 천정을 타고 온 집안을 내습한다
방금 벗어 놓은 세탁물은 현관문을 열고 들어서면서부터
일상에서 어긋나는 오차범위 안에서 바닥 일부를 차지한다

고요의 어색함
냉장고 작동 소리가 그녀의 호흡 소리인 듯싶어 성급히 열어 보면
그 안 가득한 아내의 냄새, 아내의 모습들
울컥 치미는 그리움
우득우득 씹히는 밥알들의 반란에 말 못할 외로움

지금 아내는 외출 중

몇 안 되는 화초들마저도 그녀의 귀가를 기다리며
호흡을 잠시 멈춘 듯하다

은하수를 찾아서

내가 살아 숨 쉬는 도시의
땅 만큼에 하늘에는
별들이 없다

누가 혹 걷어 간 것은 아닐까

바보들의 땅에는 별들이 없다
질펀한 단편의 기억들이
존재의 가치에 의문부호를 준다
수수께끼 같은 우문우답으로
은하수는 존재하던 것이었을까
내가 선 땅에서 북두칠성을 찾아
대체 북쪽을 가늠할 수는 있는 것일까

도대체 어디로 간 것일까

장마 끝나고
멍석 펴고, 모깃불 매캐한 향에 취해
누워 바라보던 은하수의 용트림
슬렁슬렁 느린 동작으로
부채바람 펴주시던
아버지가 아니 계셔서
별들이 없어진 것일까

혹 아버지가 걸어간 것은 아닐까

그리워 하늘 쳐다보면
술 취한 눈에 가득 먹빛일 뿐

비틀대며 14층의 아파트
베란다 문을 열어보면
다시 두려움으로 다가서는
오만한 도시의 불빛들

내가 선 도시의 땅에는
별들이 없다
잿빛 하늘일 뿐

사라진 별들
그리고 나의 은하수

백일홍

여름내 앓던 친구
고통으로 들끓던 가슴
피 한 방울 토해 놓고
급히 떠난 그때쯤에
백일홍이 시들고 있었습니다
그간 그가 입었던
탈색된 붉은 셔츠를
아무렇게나 벗어 놓은 것 같이
백일홍도 탈색되어 시들어가는
볕 짧아진 오후는
진한 지린내만을 풍기고 있었습니다

'내 잠시 잊고 갔었노라'
그 친구 다시 찾아와
걸쳐 입으면 얼마나 좋을까요

이마의 주름처럼
겹겹이 층계 올린 꽃잎마다
그리움도 그렇듯이 쌓일 겝니다

백일홍 지는 하늘에는
이름 모를 새가

느릿하게 활공하고 있더군요.
저미는 가슴은 그저 하늘에
그리움으로 묻고요

연민

어제 밤의 폭주로 부대끼는 창자를 움켜쥐고 고통스러워한다
늘상의 권태에 삭발을 해야겠다는 다짐을 새삼 확인하려 양쪽 손의 손가락 틈새로 머리카락을 쓸어 올렸다
살짝 힘을 주어 당긴 손에 머리카락 몇 가닥의 올들이 살점을 묻힌 채 힘없이 뜯겨져 나오는 것 같았다
정렬되지 않은 언어들이 매너리즘에 젖은 일상에서 함성을 지르고 있었다

저 깊은 바다에서 시퍼렇게 살아 숨 쉬던 북어 한 마리 흰 무명실 한 타래를 전설처럼 몸에 휘감고 두 눈 부릅뜬 채 입 떡 벌리고 고통스런 모습으로 바다를 그리워하고 있었다
숨을 가랑대며 달리던 늙은 내 차를 폐차시키기 전 어느 구석에선가 발견된 모습

바다는 여전히 깊고 시퍼렇고 넓을 것이다

결코, 회귀할 수 없는 곳에 그리움을 묻어둔 북어는 이미 변형된 육신이라서 더 애처로워 보인다
시를 쓰지 못하는 시인의 모습도 그러할 것이다

일전에는 3월의 밤에 억지의 무게를 단 눈雪이 나목에서 꽃을 피우더니만 사방 직육면체 안에 갇힌 고달픈 나의 새벽에는 눈물 한 방울이 여린 줄기의 끝에 모여 꽃송이가 된 듯한

안개꽃이 무수히 피어났다

먹고 사는 것도 일인지라 늘상 詩라는 것은 맨 뒷전이었다
열정만 가지고서는 연의 끈이 이어질 수는 없는 노릇
그래도 남이 지어 놓은 시라도 읽어볼 요량으로 찾은 서점
그 넓은 서점에 몇 칸 정도 명맥만 유지하고 있었고 그마나
몇 사람의 이름들뿐이었다

내가 설 땅이 없어 보였다
오만 방자한 거리에는 값싼 술이 넘쳐흐르고
끈끈한 욕정과 탐욕이 자기 과시를 하고 있었고
그 한구석에 살점 묻은 내 머리카락이 서럽게
고달픈 모습으로 쓸려 있었다.

오월에

그날
내 등을 떠다민 건
네 숨결이 아니었지

코 박고 엎어진
풀숲의 오랑캐꽃

오월의 심술이었어

땅바닥에서보다는
나뭇가지에서 피는 꽃이 많은 오월

코피 한 방울 소매 가지로
쓱 훑어 내리면
어느새
누가 뭐랬나

찔레꽃
달이 반쯤 기울었어도
저리 화사한 것을

열이 많아서
잠 보채는 새벽

내일이면
배꽃도 질 터이고

철쭉 다홍빛에 속아
덩달아 나도 꿈일 것을

오월에는
어느 나뭇가지에 매달려
나도 꿈을 꾸고 싶은 게지

일요일 오후

일요일 오후 세 시 이십 분
오른쪽으로만 쏠리는 듯한
하루의 불균형

시계의 왼쪽 여백엔
세우다만 다짐들이
야멸찬 조소를 보낸다

벌써 해는
빛이 바래져 가고

신문지 덮고 자던 얼굴에는
수염만 까칠하다

산에 오르자고
꼬박 벼르기만
텅 빈 일요일의 오후

친구

네가
내 친구이어서
나는
참으로 좋다

하루
세 단어 이상
내뱉지 않지만
묵언으로 전해지는

너의 비밀을 알아서
너의 고민을 알아서
너의 외로움을 알아서

그 반쯤만큼은
내가
덜하다고 생각되어
아니,
나도 그만큼은 하다
생각되어
그래서
네가

내 친구이어서
나는, 참으로 좋다

웃자하던 하루가
미어지지만
그래도
안도의 숨을 쉴 수 있는
네가 있어서
나는
참으로 좋다

여인네

엎어지거나
자빠져서 꿈을 꾼다 한들

커피 잘 끓이는 아녀자보다는
김장 잘 담그는
여인네의 손맛이 낫기야 하고

제 새끼 포대기에 들쳐 업고
불빛 오색 찬연한 레스토랑에서
천연덕스런 칼질 하는 여인네의
능청 또한 좋다

뻗대기는 해도
낭창한 웃음소리

초침에 칼날 갈아대며
싹둑싹둑
시간 잘라내며
난도질 해대는 수다
그도 참 낯이 익어 좋고

엎어지거나
자빠지거나 해도

똑 같은 꿈을 꾸는 여인들

욕심이야 무엇이든
하늘만큼 많기만 하고
그도 좋기야 하다

새벽 네 시에

습자지 위에 먹물을 뿌려 놓은 듯 어둠만이 짙던 밤은 이윽고 새벽 네 시가 되면 그 장막을 서서히 거둬내며 수묵화의 풍경으로 지척에 다가섭니다

그 黑白의 여백에는 아직도 어제의 피로가 미처 가시지 않은 채 잔존하고 있어 오히려 잠자리에 들기 전 느끼던 안온한 느낌이 아니라 일어나야 될 시간이 잠시 뒤로 다가오매 더 무겁게 느껴지기도 합니다

새벽이란 그 개념적 이미지가 강해서 희망이라 할 수 있겠는데 다시 생각해보면 그중에서도 모든 사물들이 극명한 채색으로 들어나는 다섯 시쯤에나 어울릴법한 표현이 아닐까요?

네 시는 비로소 어제의 하루에 끝이며, 또한 휴식일 수도 있다고 저는 그렇게 생각하고는 합니다.

새벽 네 시에 꾸는 꿈은
어제의 하루가 엉망이었다는
암묵이었다

무질서하게 폭발하여
다시 원형으로 돌아올 수 없는 시간들이
과거란 명제를 짊어진 채 신음 소리를 낸다
문득 깨어 목이 타서 물을 마시려다
주방 창문에 희끄무레 하게 앉아있는

내 일상의 조각 한 꾸러미가 비춰져 있는 것을 보며
깊은 탄식을 뱉어 낸다

새벽 네 시
빼드러진 낚시 바늘의 미늘에
지쳐서 늘어진 초라한 내가 매달려 있다
그렇게 네 시가 지나고
다섯 시로 이어지며
비로소 새로운 하루를 시작함에
몸을 추스르며 마음이 아프기만 했던
어제를 버리고
이제 막 허물을 벗고 비상하는 나비의
나래짓을 닮고 싶다

새벽 네 시와 다섯 시
하루의 끝과
또 다른 하루가 시작되는 것이다

나팔꽃

무에 그리 좋다고
하지夏至 아침 햇살에
헤벌쭉 헤픈 웃음 날리며
이래도 좋은 듯, 저래도 좋은 듯
제 흥에 겨워
정 많은 표정으로 즐거워라

굳이 애써 꾸미지 않아도
손해 볼 것 없는 여유로움
사람 좋은 친구 같은 나팔꽃

허우적대며 붙잡아
온몸으로 감싸 안았던
싸리 울타리는
그러거나 말거나

하나뿐인 꽃잎 위에
맑은 이슬
데그르르 굴러
꽃 대궁 속으로 떨어진다

나팔꽃은
힘주어 불어도

음흡이 터지지 않는 악기

잔인한
해님의 농지거리 속에
그저 속수무책

사람 좋은
내 친구 같은 꽃

그 사내

늘 말言語에
주소가 없던 사내

허풍도 그럴듯하고
사람 좋기도 그럴듯하지만

숭숭 빠진 머리카락 사이로
솟아 오른 뿔
세상 먼저 떠난 아내가 몹시도 그리워
머리로 현관문을 밀고 들어서는
습관 때문이라 하지만

그 속내를 모를 리 없어
슬며시 권한 술잔에 취해
"그 사람에게 미안해! … 미안해!"
훌쩍이는 궁상

내도 눈물 한 방울 찍어 내어 보태주면

그 사내의 밤은
핸드폰 뚜껑이 닫히지를 않는다

무어 그리 할 말이 많다고

밤새도록 길모퉁이에
아주 초라한 모습으로 쪼그리고 앉아

횡단보도에서

이제, 이곳 횡단보도만 건너면
내 집이다
가장 안온한 곳
이쯤에 내 힘들었던 하루를
내려놓으리라

이제, 이곳 횡단보도만 건너면
열에 들뜬 하루를 보내야한다
그러기 전 이곳에
한 짐 덜어내고 가볍게 건너자

서로 다른 짐을 짊어 메고
맞은편의 신호등을 기다리는
이곳 횡단보도에
우리 이름 하나 지어놓자

'마음의 짐을 덜어 놓는 곳'

푸른 신호등의 점멸 따라
오늘 하루도 희망이지 않겠는가?

우리 이곳 횡단보도를 건너기 전
마음 비운
하루를 꿈꾼들 어떠할까?

아내에게

단풍잎 저리 붉게 물들어 가는데
어느새 이미 우린 이 자리
이만큼에 와서 서있습니다

세월의 변절 따라 어느덧
머리카락도 희여
내가 아니어도 당신에게는
추억이 퇴색하여 갈 수도 있겠지만
나는
나는 그래도 괜찮습니다
당신을 사랑하는 마음 여전하여
내 존재의 가벼움이 초록 잎새를 떠나
설령 낙엽일지라도
당신 곁을 떠나지는 않을 터이니까요

방관

거친 노동의 후면에
피곤이 탄식처럼 훑어 내리면
비껴 흐르는 노을을 바라보며
술을 마신다
하넌, 노을은 나보다 먼지 취해
붉게 타 오른다

치유되지 않는 방관에 스스로 앓고 있었다
머리는 경직되어 있었고
온몸의 근육 속에
벌레들이 스멀대며
기어 다니고 있는 것 같은 착각
그제서야 허둥대는 조바심

숱한 다짐으로만 대신하던
시를 쓰는 일은
피곤과 술기운으로 언제나 잠겨 있었고
먹먹한 가슴으로 억지 마음 가나듬으면
그새 졸음에 쓰러지는
그 반복의 연속
그리고 죽음 같은 잠에 빠진다

노을과 함께 취한 하루
또 그렇게 내가 스러진다

목련 묵상

만개한 농익음보다는
봉오리의 서늘한 도도함이
가슴을 저미어낸다

섣부른 감성조차 근접이 어려워
꽃 대신
허옇게 바랜 달을 흘끔대면

누가 이런 이 있었을까?
4월이면
단아함으로 피어
향기가 없음에도 고귀하며
단(백) 색으로
저리 고결할 수 있음은

깊은 사색에 스스로 취해
넘치지 않는
절제된 품위에 격이 있음은

꼭은 목련이라서
그러함이다

어느 날 불현듯 4편의 시

흔적

달이 있었던 자리

달이 밝은 것이 아니라
그 구멍 사이로,
그 흔적 사이로
먼 우주의 빛이 새어드는 것이겠지

달이 있는 자리는
우주에 구멍이 뚫린 자리

비상구

신호에 걸리고
차에 막혔다
빠져 나갈 수 없는 틈새

바로 뒤에서는 119 구급차가
비켜 달라고 요란하게 아우성쳤다

어디로 피해주지?

하늘로?

바다로?

내가
더 급한 환자가 되어 가고 있었다

비상구는 없었다

장마

그제도 비
어제도 비
오늘도 비

연이은 열다섯 날째의 비

감자꽃 고개가 꺾이었다

누렇게 변색된 해바라기의 노안

마루 밑장에 숨은
늙은 어머니의 코 낮은 고무신 한 켤레
가지런히…

출행의 날만 기다리고 있었다

실종

놀이터는
지금 공사 중

아이들은,
아이들은 모두 어디로 간 것일까?

M에게

모서리
늙은 햇살에
꺾이어 굴절된
그림자의 배면에
겹겹이 싸여 있는 그리움

열병에 거위침 삼키며
네 이름으로 인해서
부유하는 가엾은 영혼

네 이름을 불러본다

틀이 어긋나
좀체 꽉 닫히지 않는
내 책상서랍
그 안에
너를
가득 채워 놓고서

낮잠

투명한 햇살 밧줄을
무심코 놓아버린
속 쓰린 방관

이빨 빠진 가위가
썩둑썩둑 잘라버린
기억되지 않는 오후

우중 숲

비 오는 날
산에 가까이 다가서면
산은 아주 오래된 침묵으로
정체되어 있다
어차피 다가가야 할 시간들과
이미 잊혀진 시간들
고요한 시간에 어우러져 있다
마치 사진 속의 그림처럼

팽팽한 고요
날이 선 칼날을 갖다 대면
펑하고 터져버릴 것 같은 긴장감
내 오장육부가 오그라짐을 느낀다

산의 속살에
두려움을 느낀다

맨 처음
이 세상 속의 나는
어머니 뱃속에 있었고
지금의 나는
이 산

고요한 침묵 속에 어우러져 있다

귀를 열었지만
들을 수 없는 것들이 많고
아직 눈을 뜨지 못해 볼 수 없는 것들이 많은데
고요가 산을 지탱하여 줌에 변함이 없다
이 고요를 터득한 이
세상살이를 터득함이다

들어야 할 것도
보아야 할 것도
참으로 많은데

비 오는 날 산속에서
살아나가야 될 날들에 대한
암묵적 예시를 받는다
고요처럼 묵직하게
살고 볼 일이다

상처

젖은
붓끝에
후회 같은
악모 하나

끝내, 버리지 못하고

마른 후에
털어내려 하였으나
눌어붙어 있어 버리지 못하고

헛 그어진
가느다란 선 하나가

이제까지
가슴에
흉통 되어
사선으로 비껴 흐른다

목욕탕에서

깎여진 손발톱 부스러기들,
잘려져 나간 머리카락들, 수염 조각들
내 신체의 일부이었음에도
어쩌면 아무런 고통도 없이
그리 잘라져 나간 것일까

마음의 흉통마저
그리 잘라내어 버릴 수 있다면
사람 사는 세상
근심조차도 그리
싹둑싹둑 잘라낼 수 있다면

물방울 가득한 거울에는
아직도 채 버리지 못한
부스럼 딱지 같은 것들이
이끼처럼 무성히 자라
벌거숭이 내 모습을 뒤씌우고
흐릿하게 비추어 서 있는데

무엇을 얻으려
그리 버리지 못하고 있는지
아무리 밀어도

떨궈내지를 못하는지

이제라도 버려야 될 것들
순순히 버리고
마음고생 덜어내고 싶고
다 그리 버릴 수 있겠다 했지만

그리움
그 하나는 차마 버릴 수 없어

잠시
겹 매화꽃 사이에
걸어 두고 온 것을

입춘

돌담 밑
뱅뱅 도는 햇살에
양지꽃 서둘러 피고

응달의 잔설은
해 길어진 석양에
그럭저럭 손끝 놓아
작별 고한다

겨우내 명주 솜저고리
새로 풀 먹인 채
곱게 접히고

성에꽃 만발하던 들창문
문풍지의 흔들림은
예스런 느낌이긴 하나

봄이
수런거리며 다가오고 있다

동창생

그 길가에 금동전 같은 민들레
어릴 적 친구 얼굴로 피어
그리운 마음에 조금발로 다가서면
무척이나 기다림이 많은 듯한 교정
별처럼, 꽃처럼 흐드러진 추억

행여 손때 탈라
흰 무명 보자기에 곱게 싸서
가슴에 담아 두었다가
얼레 떠난 방패연 떨어진 그곳에서
너울대며 돌아온 친구 만나면
술잔 마주하고 앉아 풀어 놓으리라

자尺벌레

손가락 한 마디
반쯤 됨직한 자벌레
하루를 스물 넷
일렬로 칸을 만들어

철들고도 한참 오래 후
칸을 시간으로 살아온 거리
언뜻 재어 봐도
참으로 멀기만 한데

모눈종이 가로 세로로
꽉 채우면

나방이 되려하나?

반딧불이

가월佳月이라 한들
헤프디 헤프다 싶은 달빛
산만하기만 한 별빛보다는 그래도

그대 서성이며 이슬에
바짓가랑이 적시던 풀숲에서
내 여기에 있노라 이르고자

빛을 가진 영혼이 되었네
잊히지 않는
그대의 것이 되고 싶었네

새벽은 마냥 더디 와서
밤새도록 떠다니며
그대의 것이 되고픈
그리도 간절한 흔적이었네

한여름 밤은 짧기도 한 것이
못내 안타까워
쉼 없이
이리도 헤매면서

딸의 웃음소리

까르륵…!!!
터져 넘치는 웃음소리
떼굴떼굴 구_ㄹ러

내 가슴에서는 장미도 되고
난꽃도 되고

반쯤 늙은 애비 가슴
덩달아서
스무 살도 되고
열아홉도 되고…

이른 더위

되바라진 계집아이의
짧은 치마 같은
6월 초순의
더위가 시작되었다

아카시아 꽃잎이 선뜻
콧잔등에 내려앉아 땀에 젖고

이를세라
목덜미를 간지럽히던
넝쿨 장미의 가녀린 가시
말라 비틀어 녹색을 잃어버리고

술래잡기하던 덤불속 찔레꽃
슬그머니 힐끔 눈치보다
잎새 사이로 숨어 버리고

어린 계집아이의 변덕이
고집 같은
이른 더위

벌써 이리 더우면
올여름은 어쩔라나

상상출근

나는 오늘도 예전과 다름없이 여섯 시에 일어나 출근 준비를 한다

면도를 하고 부스스한 머리에 물을 발라 적당히 빗어 넘긴다

새벽밥도 꼼꼼히 챙겨 먹고 '다녀오마!' 인사를 하고 집을 나선다

그러나 회사는 이미 열흘 넘어 전에 문을 닫았다

번연히 알면서도 나선 출근길. 그래서 출근할 곳이 없다

나는 상상 출근을 하고 있는 것이다

그래도 이윽고 도착한 회사 문 앞에서 서성이다 발걸음을 돌린다

느릿한 걸음으로 나선 사거리에 차들은 분명한 목적지가 있는 듯 슬금슬금 신호도 적당히 무시한 채 쏜살같이 내빼고 나는 손가락 사이에 끼여 있던 담뱃불이 꺼진 것도 모르고 연신 입에 대고 빨아댄다

그 시각쯤이면 뻔질나게 울려대던 핸드폰이 그때의 기억을 잊고 싶지는 않은 듯 부르르 진저리를 친다

"날씨도 추운데 빨리 집으로 와요!"

어제 밤 나보다 더 속상해하며 잠 못 들어 하던 아내의 목소리가 애간장를 훑어 내린다

올겨울은 유난히 춥고 오늘은 그 추위가 정점에 이르러 맹위를 떨칠 거라던 입술 빨갛게 칠한 여자 아나운서의 멘트가

문득 생각나고 이미 몇 달 치 급여도 받지 못한 호주머니에서는 한기가 솟구치는 듯싶다

무력감에 빠진 심신의 고단함이 신발 밑창에 덕지덕지 붙어 있어 발걸음조차 속도를 더디게 한다

입가 감각이 무뎌져 길 맞은편 커피 자판기로 부지런히 갈 요량인데 신호등은 유난히 늦장을 부리고 해는 이제서야 한 뼘쯤 하늘로 올랐다

어쩌면 내일도, 모래도 그럴 줄 번연히 알면서도 나는 상상 출근을 할는지도 모를 일이다

혹 아는 사람을 만나기라도 한다면 나는 웃으며 출근하는 중이라고 말할 것이다

먹고 사는 일이야 어찌어찌 해결된다 치지만 마음의 상처는 쉬이 낫지 않을 것이고, 좋은 사람들만큼 나쁜 사람들도 많을 것이라는 사람에 대한 불신조차 더할 것이어서 그런 내가 두려워진다

정말로 올 겨울은, 아니 오늘은 더욱 춥다

설경

묵상에 올려져
바람 소리마저
걸러진 산야

가늠치 봇할 원근은
벙어리 가시버시인 듯

족적 없는 먼 산
제 잘났다 분 쳐 바르고

맨 입술 부르튼 내川는
사뭇 얌전떠는데

까마귀 가로 지르는
허공은
바람 징징댐으로 가득하고

멀찌감치
한 점으로 서 있는
등걸 젖은 느티나무
아버지 같은 모습으로
여전히 서 있다

눈雪 내리는 날

연결 매듭이 없는
세월처럼

부호符號가 생략된
터무니없는 풍경

맨 땅 위에
빈 하늘이 포개진다

잊기를 아주 잊기야 하랴마는

초판 1쇄 인쇄 2014년 8월 8일
초판 1쇄 발행 2014년 8월 18일
지은이 : 이인복
교정/편집 : 김현미 / 이수영
표지 디자인 : 최영석
펴낸이 : 서지만
펴낸곳 : 하이비전
신고번호 : 제 25100-2013-100호
신고일 : 2002년 11월 7일
주소 : 서울시 동대문구 신설동 97-18 정아빌딩 2층
전화 : 02)929-9313
홈페이지 : hvs21.com
E-mail : hivi9313@naver.com

ISBN 978-89-91209-38-1(03810)

값 : 12,000원

* 저자와 협의하여 인지첨부를 생략합니다.
* 잘못된 책은 바꾸어 드립니다.